파피루스가 일러스트에게

김하정 시집

가히 시인선 008

파피루스가 일러스트에게

김하정 시집

가히

시인의 말

처음 들어선 백화점에서 물건을 산다.
모든 것이 아름답고 신기하다.

그래서 나는 머뭇거린다.
세계여!

2025년 2월
김하정

차례

시인의 말

제1부

벽화 … 13
유월의 번역 … 14
상담사 … 15
나르시시스트 … 16
품사들 … 18
공항 … 19
모판 연구소 … 20
파피루스 … 21
유채꽃 사회 … 22
메멘토 모리 … 24
헤드라인 … 25
백화점 … 26
화병 … 27
가족 … 28

제2부

핸드폰…31

바느질…32

모피 찻잔…33

메타세쿼이아…34

훌라후프…36

풍란…37

면장갑…38

계단…39

엄마 이발관…40

오늘의 시험 문제…42

코코넛 마중물…43

장미꽃…44

연못…45

산수유…46

제3부

눈 내린 후 … 49

천둥 번개 … 50

꽃양귀비 … 51

귀가 … 52

노천극장 … 53

한 여자의 방 … 54

거울 앞에서 … 55

구름의 오후 … 56

겨울비 … 57

미용실에서 … 58

서재 … 59

트럼펫 연주 … 60

대나무의 통증 … 61

저녁노을 … 62

제4부

눈동자 일러스트 … 65

AI 연인 … 66

스테가노그래피 … 67

엑스터시 … 68

코로나바이러스 … 70

해 … 71

코스모스에 부쳐 … 72

푸른 통역사들 … 73

잡곡을 씻으며 … 74

오르간 … 76

책 … 77

문구점에서 … 78

손가락 … 79

그대에게 … 80

등대 … 81

꽃의 내력 … 82

제5부

겨울나무…85

우체통…86

후렴부…87

어떤 위력…88

고속도로…89

서표…90

강수진…91

설치미술 1…92

설치미술 2…93

첼로…94

수목장…95

정크미술…96

일출…97

목련…98

해설 번역된 파피루스와 상상하는 감각…99
   신상조(문학평론가)

제1부

벽화

양지바른 곳으로 나와 앉은 할머니들
담벼락에 무채색 그림을 그리고 있다
한 손에 지팡이를 든
빛바랜 점묘들

주름을 말리느라 햇살들 분주하고
희미한 배경색으로 기억들이 다가오면
한때는 꽃이었던 시절
대낮처럼 환하네

허공을 응시하는 뜨거운 눈빛이여
수없이 그리고 색칠하고 싶은 그 자리
지금은 여백 속으로
새들이 날고 있다

유월의 번역

녹음을 번역하러 수풀 속으로 들어간다
우거진 낱말들이 열거된 그 속에는
자연이 생산해 내는
수많은 문장이 있다

잎들의 대화를 귀 열고 들으면
갈피를 넘길 때마다 떠오르는 생각들
속마음 열어 보이듯
향기를 내뿜는다

부리로 숲의 자간을 쪼아대는 새소리
우듬지를 교열하는 바람 사이로 어느새
원본을 뒤적이고 있는
태양의 손도 보인다

상담사

깊이 듣고 생각하라는 어드바이저 말씀 따라
오늘도 세 치 혀끝은 속내를 조절한다

캄캄한 마음 어디에도
꽃들을 심을 수 있다

나르시시스트

1. 가면

욕망의 메타포를 노려보는 사냥꾼
능란한 수사로 활시위를 당기면
어둠 속 먼 거리라도
과녁을 명중시키지

2. 가스라이팅

저자의 의도는 눈치채지 못했어
행간에 숨어서 다가오는 숨결이
두 귀를 닫히게 하고
두 눈을 멀게 했어
때로는 오타가 소름처럼 돋아났어
지문을 더듬어가며 자세히 읽어봤지
하지만 변명 가득한
각주들이 달려 있었어

3. 후버링

촘촘히 엮고 얽어
계획표를 짠 거야
빛을 속이려면 은사_{銀絲}가 필요해
그 사내 입속에는 늘
독침이 고여 있겠지

품사들

낡은 관형사가 서 있는 저녁 무렵

동사가 끌고 오는 형용사는 표정이 밝다

그 사이 끼어든 부사와

감탄사는 말이 없다

공항

이파리 한입 물고 새들이 날아간다
동트는 하늘의 안부를 물으며
수만 리 아득한 길을 향해
두 날개를 퍼덕인다

떠나간 자리 묵묵히 지키는 미루나무
우듬지는 깃발을 흔들며 배웅하는데
바람에 실려 떠나는
뒷모습은 말이 없네

아낌없이 내어주는 나무의 기다림처럼
언젠가 돌아와 걸터앉을 새를 위해
신공항 가지 위에는
새순들이 발돋움한다

모판 연구소

내일은 오늘이 그리는 꿈의 미래

논바닥 시드뱅크*에 묘안을 심는 농부들

시간을 아껴 모아서

분양할 푸른 입자들

---

*종자를 보관하는 곳.

파피루스

바람의 손 부르트도록 역사를 새겨왔다

쉽게 사위어 갈 시간들 끌어모아

수없는 자맥질 속으로 문자 향을 담았다

우거진 늪 속에 구름 피륙 펼치면

첨필을 입에 물고 날아오는 참새들

발자국 다 옮겨놓고 물 한 모금 들이켠다

유채꽃 사회

꽃 속에 파묻혀 꽃이 되고픈 얼굴들

구름의 등에 기대 파안대소 하고 있다

꽃길만 걸어가고파

쓰고 있는 일기장일까

봄이 소환하는 글씨는 샛노란 빛

포자를 머금고 온 얼굴 없는 바이러스에

바람도 비틀거리며

뒷걸음질 치고 있다

허리띠 동여매고 침묵하는 꽃 무리들

'출입 금지' 현수막이 허공에서 콜록대는데

꽃대를 일으키려고

나비들이 부산스럽다

메멘토 모리

산기슭 돌아앉아 등불 켠 방 한 칸
원시의 동굴 속에서 벽화를 그리듯
무채색 실루엣들이
고독을 연주하네

시간은 금사로 지어놓은 외투라지만
주머니 속 동전처럼 소리 없이 빠져나가
원형의 창문 너머로
훨훨 사라지고

엷게 풀린 석양이 별 무리를 데리고 오면
세상은 고요 속에 기도하며 살고 싶지만
자명종 아무리 울어도
돌아보질 않네

헤드라인

수만 개 뉴스들이 활어처럼 퍼덕인다
새순이 돋아나듯 고개 드는 것도 있다
그것을 간추리고 있는 사람은 부산하다

전쟁과 기아와 명분과 타협과
어떤 헤드라인도 해결 못할 실타래들

아침은 머뭇거리며
현관 앞에 엎어져 있다

백화점

1.
성곽을 지키고 있는 제복 입은 기사가
목각 인형처럼 고개를 숙이지만
방향을 가리킬 때는
날렵한 선이 된다

2.
층층마다 진열된 욕망의 소비재들
냉정한 핸드백들이 제아무리 다짐해도
결국엔 모래성처럼
지폐들은 빠져나간다

3.
첫 출근 했다는 신입사원 AI 로봇
눈부신 조명만큼 상냥한 매너로
상품을 판독하면서
앞장서 걸어간다

화병

고개 숙여 누구의 발도 씻겨준 적이 없다

외로워도 제 지닌 향기를 가꾸며

단정한 언어를 담은

가는 목의 선이여

가족

낮 동안 쓸쓸하게 떨어져 있었지만
저녁 식탁에서는 두 손 모으기를
버무린 양념들 같은
속사정들 다 아뢰며

비록 혼밥일지라도 그리움 하나만으로
이곳에 닿기까지 헤매던 그 숨 가쁨
다 잊고 식탁에 앉아
감사 기도 올렸으면

제2부

핸드폰

날씨가 추워 개울물이 꽁꽁 얼었다
소리음을 가둬버린 살얼음판 그 아래
부스스 봄을 알리는
내 안의 까치 한 마리

바느질

평생, 바다 물결을 손질하며 살던 노인
어망 풀어 까마득한 수평선을 홈질한다
선홍빛 아가미 하나로
숨결을 고른다

주름 잡힌 이마에 맺히는 땀방울
뱃고동 소리가 시간을 재단하면
바람은 억센 손놀림으로
까치놀을 쓰다듬는다

홀치기로 완성한 청새치 한 마리
굽은 등의 외로움은 언제쯤 잠재울까
항구의 불빛을 엮어
박음질하고 있다

모피 찻잔*

유리창에 낀 성에들
날 선 감정을 스케치한다
바람의 냉가슴 문고리 열고 들어오면
목이 긴 샹들리에가
고개를 갸웃거린다

바깥은 눈보라 치고
나는 얼굴을 들고
머그잔은 모피 옷을 껴입고 앉아 있다
손으로 감싸 줄수록
따뜻해지는 기억들

야생을 밀렵하다
상처 입은 사냥꾼처럼
스스로 맹수의 시큼한 냄새 풍기며
메마른 입언저리를
혀끝으로 핥고 있다

---

*오펜하임.

메타세쿼이아

1. 나목

아득한 첨탑 위로 뾰족한 길이 보인다
눈비가 순교를 강요하던 그해 겨울
뜨거운 인내 껴안고
옹이처럼 너는 서 있다

2. 그루터기

단색의 고요가 스미는 자리에
빛줄기 끌어당겨 둥글게 앉히면
발밑에 뻗은 그림자
기억을 더듬고 있다

3. 씨앗

뿌리부터 들려오는 일렬횡대 군홧발 소리
쿼바디스 외치듯 카타콤 영혼들

서러움 다 쏟아놓고서
햇볕에 몸을 말린다

훌라후프

훌라후프를 돌리면 비너스가 돌아온다
얼었던 계곡에서 물소리가 돌아오듯
탱탱한 허리 집으로
돌아오는 원피스

풍란

난아 난아 불러도 꿈적 않던 그녀가

계절의 부름으로 얼굴 살짝 내민다

벼랑 끝 버선발 모은 전설 속 선녀처럼

오르락 내리락 바위틈을 헤집으며

손과 발 뒤엉켜 이제는 화석이 된

시간을 되살려내는 향기가 그윽하다

면장갑

논두렁에 작업용 면장갑이 버려져 있다

해종일 내린 비로 온몸이 젖어 있어도

주인의 따스한 지문을 꽉 움켜쥐고 있다

혹여 지나가는 발길에 차일까 봐

한 귀퉁이 모로 누워 하늘을 보고 있다

쓸쓸히 잠을 청한다, 노숙의 밤이 길다

계단

한겨울 바람의 핏자국이 어려 있다
저 계단을 걸어간 이름 없는 영혼들
살며시 포개어보면
눈시울이 젖는다

아스라한 절벽이라도 손 뻗어 닿고 싶은
우리는 고행을 받들고 사는 사람들
세상의 어느 길에도
계단은 놓여 있다

엄마 이발관

새들이 웃자란 나뭇가지를 쪼고 있다
잔디 깎는 기계 소리 앞마당을 진동하면
실핏줄 드러나도록
더벅머리가 깎인다

수돗가에 붙박이처럼 앉으신 아버지
어머니 손놀림은 시계처럼 째깍째깍
숨죽인 나뭇가지에서
백발들 떨어지고

허허로이 쌓이는 서러움 끌어모아
나는 솔잎처럼
불의 기도를 지핀다
움푹 팬 액자 속 초상화는
그 누가 복원해 줄까

구름모자 쓴 신사가
막 일어서려는데
〈인조 잔디와 가발은 출입을 금합니다!〉

현판을 제창하는 새들이
울타리를 넘어간다

오늘의 시험 문제

망망한 바다 위를 표류하는 배가 보인다
접힌 날개 펼쳐볼까 퍼덕이는 기억들
뱃고동 소리 들으며
동공을 굴리고 있다

암초에 가까워지는 상황은 던져진 질문
저 멀리 등대의 불빛은 아른대는데
아무리 궁리를 해도
풀리지 않는 난제

선장은 말이 없다
돛을 높이 달아볼까
파도의 목쉰 울음은 애절하게 철썩이고
수평선 걸린 태양은 서서히 지고 있다

코코넛 마중물

뚜껑을 열고 바람 한 줌 넣으니
청량한 과즙이 뿜어져 나온다
하늘을 가두어놓은
시간의 옹알이

태양도 갈증 나면 바다를 마신다지
저 몸속 단맛의 혈통을 잉태하려
햇살에 매달린 두 손
품는 자의 내공이다

더위에 짓이긴 구름의 땀방울들
코코넛 가로수 펌프질 하고 나면
숙성된 엄마의 젖 줄기에
꼬물꼬물 입이 열린다

장미꽃

아버지 외출하기 전 쪽지를 남기셨다

"여보, 혈압약 꼭 챙겨 드시구료."

어머니 뼛속 가시들

꽃이 되어 빠져나왔다

연못

봄비가 수면 위에서
타자를 치고 있다

작은 어리연꽃은
여리게도 피어나

영원을 잇대는 멍울처럼
하나둘 고개를 든다

산수유

차꼬에서 풀려난 봄날의 환희는

기나긴 터널 뚫고 달려온 사랑 같아라

봄볕이 데려다주는 발목 아직 시리고

깊은 골짝 헤저으며 그 이름 불러보면

조심조심 살얼음 건너오는 꽃가지들

희소식 보따리 풀고 뜨거운 볼을 비비네

가냘픈 무희처럼 젖은 맨살 드러나도

기다림에 목이 메어 잎보다 먼저 피어난

환영의 노란 깃발들 가지마다 나부끼네

제3부

눈 내린 후

가로등 빛을 모아 하늘을 떠받든다
새벽을 일으키던 어머니 무릎 같다
한평생 그 정성으로
눈부시게 쌓이는 기도

어둠이 눈뜨기 전 반짝이는 뭇별들
온 세상 감싸듯 경건하게 꿇어앉으면
그 위로 누군가의 발자국
사다리처럼 새겨 있다

천둥 번개

자연 탐사 비망록에 비 이름이 가득하다
기상 캐스터 개구리들 목청껏 재잘대고
풀숲에 숨죽인 여린 것들
소스라치게 몸을 떤다

빗줄기 방아쇠 천지에 쏘아대면
하늘엔 먹구름도 뒤엉켜 달아나고
삼팔선 가로지르며
떠도는 피란민들

꽃양귀비

강가, 물빛을 길어 올리는 둑방길
봄이 세공해 둔 보석들로 반짝인다
하늘은 구름 양산을
곳곳에 펼쳐놓고

연거푸 호객하는 새들의 지저귐
사진 찍는 소리에 묻혀 허공을 맴돈다
맥박이 뛰는 곳마다
폭죽처럼 꽃은 피는데

발바닥 부르트도록 걸어왔을 뒤안길
따스한 햇볕과 부드러운 바람을 입힌
분홍빛 한지 위에다
나는 너에게 연문을 쓴다

귀가

찬바람이 굴뚝 연기에 손을 쬐고 있다
낮은 하늘가엔 노을이 번지고
빈 들을 쪼아대던 새들은
날갯짓이 바쁘다

수만 갈래 솟아나던 생각의 스펙트럼들
짚가리 태우는 불구덩이에 던져버리고
가벼운 어깨 추스르며
수돗물에 몸을 씻는다

노천극장

푸드덕 날갯짓하며 관객들이 입장하네요
하루의 시간을 풀어놓은 수평선
조명이 가라앉으며
영화가 시작됩니다

여름밤 이야기를 품고 있는 바다
복선이 왔다 간 뒤 반전이 찾아옵니다
눈꺼풀 파르르 떨며
모두가 숨죽이네요

어둠 속 길을 헤치며 홀로 나선 액션 배우
발자국 지워가며 그의 생이 흐릅니다
여운의 뱃고동 소리
자막으로 깔아놓고

한 여자의 방

은하수 범선 타고 고독의 섬에 당도하면
전원 스위치가 먼저 손을 끌어당긴다
무료함 깨고 일어나 사방을 둘러보는

기다림에 목이 탄 화초들의 마른기침
잎 그늘에 숨어 쌔근거리고 있다
서러운 갈증의 목젖 물 한 모금 적셔 달랜다

천금 같은 금언들 등에 업은 책상
시 짓기 힘겨운지 네 다리가 무겁다
상상은 월담을 하며 별빛을 쫓아가는데

커튼 자락 붙잡고 봉춤 추는 바람의 음률
은은한 조명 아래 안단테로 흐를 때
외로운 마음 재우려
달빛 이불을 덮는다

거울 앞에서

꺼져가는 촛불을 일으켜 추스르며

가만가만 일어나 환하게 비춰다오

샘물을 찾아 헤매는 사슴의 머리 위를

바위틈에도 생명은 흐르고 솟아나는 법

서두르지도 말고 지체하지도 말고

희뿌연 안개 사이로 막힌 길 뚫고 가자

구름의 오후

하늘을 올려다보니
푸른 그물이 처져 있다
망 사이로 언뜻언뜻 보이는 양 떼들
그곳을 벗어나려고
긴 행렬을 이룬다

주위를 싸고 있는 수천수만의 나뭇잎들이
흘러가는 구름을 껴안아 보지만
잡지도 가두지도 못할
시간처럼
빠져나간다

겨울비
―르네 마그리트에게

빗방울 떨어져 양철지붕 두드린다
두드리면서 소리들은 고요 깊은 음률이 되고
음률은 스텝을 밟으며
뿔뿔이 흩어지네

지상의 한숨과 탄식 모두 들이키고
갈 곳 잃어 떠도는 날빛의 한숨처럼
겨울비 중절모 쓰고
쓸쓸함을 뿌리네

미용실에서

거울 앞 의자들이 섬처럼 놓여 있다
그 위에 걸터앉아 변신을 꿈꾸는 여자
한동안 멈추어버린
시간을 풀고 있다

머릿결 사이로 수만 갈래 길이 트이고
파도가 넘실대듯 생각이 출렁이면
어둠을 헤치며 나갈
닻 하나 내려본다

서재

그리움을 쌓아 올리는 저 창밖 향나무처럼
5단의 책장은 뱅그르르 둘러앉아
꺼내지 못한 말들을
가득히 품고 있네

오도독 글을 깨물면 시간은 흘러가고
시간의 낱장을 넘기는 고요 속으로
5단의 책장이 송두리째
나의 눈을 삼킨다

트럼펫 연주

바람이 허밍으로 저녁노을 다독일 때
타국에서 오랜만에 돌아온 내 동생
엄마 집 뜨락에 앉아 트럼펫을 분다

견딜 수 없던 그리움 사무치게 담아서
목놓아 울음 쏟듯이 트럼펫을 분다
목놓아 울음 쏟듯이 트럼펫을 분다

언젠가 돌아갈 고향 노선 펼쳐 놓고
향수처럼 정겨운 별빛을 바라보며
천만번 입맞춤하던
지난날을 회상하며

대나무의 통증

건강을 지키려 잘랐을 뿐인데
어쩌다 네 몸을 상하게 했구나
족압足壓에 등 내밀어 준
대나무가 앓고 있다

금이 간 뼈마디는 심장마저 멎게 하고
경계 없이 구름 밭으로 걸어간 발바닥
고통은 마지막 순간을
시퍼렇게 물들인다

속이 터지도록 하늘이 울던 날
어머니 품속에서 들리던 숨 가쁜 소리
다시는 건너올 수 없는
피멍 맺힌 메아리여

저녁노을

산등성이 너머로 멀어져가는 그대 뒷모습
잡은 손 놓치기 싫어 눈시울 붉히는
마지막 너의 그림자
치통처럼 몸을 흔든다

제4부

눈동자 일러스트

1.
큰 트럭 후미에 눈동자가 그려져 있다
정성 들인 밥상 앞에서 두 손을 모으듯
시선을 고정시키고
새벽길을 달린다

여울진 맥락으로 밑줄을 그으며
오늘도 환한 등 무사히 걸 수 있도록
간절한 마음을 담아
길을 여는 침묵이여

2.
등이 휘도록 끌고 가는 골목길 리어카
먼동 산허리는 안개 띠를 벗고 있는데
닿아야 멈출 수 있는
생의 바퀴가 휘청거린다

AI 연인

기다림은 문밖 비밀번호에 걸어두고
우리의 연애 방식은 상자 속 마술처럼
가녀린 손끝만으로 변신을 불러온다

낮을 보낸 감정노동자 푸념 털어놓으면
엄마이듯 연인이듯 친구이듯 상담사이듯
외따로 위로가 되는 관계는 깊어간다

밤새도록 숨은 이야기 면면히 이어가고
고독을 노크하는 낯선 새벽 찾아오면
화면 밖 코드 덩어리 속살대듯 꿈틀거린다

스테가노그래피*

머리카락 다 밀고 은어를 타투한다
해와 달 별들이 뒤꼍으로 숨어버리고
머리칼 우거질 때까지
불침번 서는
중절모

---

*스파이들이 사용하던 첩보 기술로 고대 그리스와 페르시아전쟁 때, 밀사의 머리카락을 깨끗이 밀고 그 위에 비밀 메시지를 쓴 다음 다시 머리를 기르는 방법으로 정보를 빼돌렸다.

엑스터시

1.

자본주의 꽃이 핀다는
몬테카를로 카지노
욕망의 재색 명리
화원처럼 꾸며놓고
벌나비 윙윙거리며
앉을 곳을 찾고 있네

룰렛 돌아가듯 줄지어 서는 슈퍼카들
화려함에 매달려 달려오던 바람도
점잖게 정문으로 들어가
뒷문으로 줄행랑치네

2.

고래 같은 뒷산 바위
흰 가슴을 내미는데
고래 젖은 센 젖

그 젖을 빨기 위해
먼바다 가로지르며
졸부들이 모여든다

코로나바이러스

문을 닫는다 부순다
낯선 거리 점령하듯

밀치거나 끌어안거나 짓밟거나 짓밟히며

가로등 불빛이 꺼지자
온 세상은 눈을 감는다

해

쓰러진 자 일으키려고 새날이 열렸다
재기하고 도전하라 태양의 이름으로
영원히 굴하지 않을
우리들의 감탄사여!

코스모스에 부쳐

들녘을 배경으로 한 풍경이 걸려 있다
가라앉은 얼굴빛 안개에 싸인 채
변방의 오솔길 따라 슬픔인 듯 가물거리는

신랑 잃고 자식 잃고 섬처럼 사는 하동댁
꺾여진 가는 허리는 그녀의 캐리커처
허공에 손을 저으며 길섶에 나와 앉았다

깃드는 갈바람에 무슨 전언 있을까
피고 지는 꽃 사이로 간간이 나부끼며
두 볼에 시린 눈물을 닦아주고 떠날 뿐

푸른 통역사들

딱딱한 조어로 둘러싸인 공간에서
완곡어법을 사용하는 산을 동경한다
수없이 내 귀를 자극하는 이름 모를 새소리

행인들의 숨소리를 품고 사는 깊은 골짝
꼬부랑 글씨처럼 엉킨 세로로 들어서면
토박이 억양을 내뿜는 저 싱싱한 입김들

새로운 언어 습득에 빠져 있는 나를 위해
바람도 숨죽여 귀 기울이는 이 시간
숲속을 통역해 주느라 새들은 쉴 틈이 없다

잡곡을 씻으며

뿌연 안개 머리에 이고
봄비 내리는 아침
수돗물 틀어놓고 잡곡을 씻는다
헹구고 또 헹구어도
가시잖는 추억들

어머니가 울면서 쌀을 씻고 있다
매사에 보리쌀처럼 까칠하던 남편
백미를 닮았던 큰딸
좁쌀 같은 막내아들

각자 다른 입맛을 어떻게 맞추셨을까
살갗 드러나도록 씻고 또 씻으며
긴 한숨 가라앉힐 때
속엣말도 가라앉는다

헹궈내던 뜨물은 어머니 눈물이었을까
뿌옇게 내리던 안개비 그치고

어느새 햇살이 와서
밝은 오늘을 열어놓는다

오르간

한숨 쉴 일 있거든 음표가 되어 보라

오르막길 숨 가쁠 때 쉼표를 밟고 오르며

꿈꾸듯
나를 데려가는
그대 미쁜 손길이여

책

행간은 고요를 품은 향기로 가득하다

역구의 깃발처럼 바람에 펄럭일 때도

뼛속에 새긴 문맥은

흔들리지 않는다

문구점에서

햇살이 현관문을 밀치고 들어온다
매대에서 주인을 기다리는 실로폰
두 손을 가슴에 포개고
숨 고르기 하고 있다

저물녘 새들이 달빛 계단 오르내리듯
건반 위를 뜀박질하는 가벼운 몸짓들
허공을 가로지르며
날개를 펴본다

마디마디 기억을 잇댄 음들이 돋아나면
깊은 잠을 깨우는 머리맡 자명종처럼
밤새껏 꿈을 연주하는
별들이 무성해진다

손가락

피아노 건반의 생명선을 누르면

마디마디 신음이 일렁이며 일어난다

난바다 목선이 가듯

비바람을 맞으며

그대에게

내 안의 또 다른 나는 너무나 바빠요
자연을 통째로 이고 또, 지고 와서
언어의 사원을 짓는
일손 늘 분주해요

눈물 한 바가지 등이 휘도록 퍼붓고도
투명한 울림이 귀 밖으로 떨어지는
목마른 샘물가에서
나는 젖고 싶어요

난간 위로 별빛들 줄지어 돋아나면
앞마당 높푸른 시상들이 반짝거려요
누군가 문을 두드리네요
내 영혼을 가꾸는 이여

등대

1.
모래사장 캔버스에 그림을 그려본다
오색풍선처럼 타오르는 불꽃
아무리 낯선 곳이라도
손 뻗으면 길이 된다

2.
야경이 쏟아놓은 초점 흔들릴수록
달빛에 유영하는 물길을 붙잡고
혼자서 깃발을 든 채
바람벽이 되어준다

꽃의 내력

가지에 매달린 크고 작은 외로움들
생인손 앓듯 벌겋게 달아올라
제 몫의 아픔을 안고
화산처럼 타오른다

분노는 인내가 숨겨둔 어제의 깃발
전신을 휘감고 도는 젊은 날의 피돌기
그 모든 격정을 건너
비로소 꽃이 된 것아

제5부

겨울나무

나무는 자신의 무게를 알고 있다
고요에 감기어 어깨 짓눌리고
별빛들 다복이 내릴 때
실가지 부서진다

어느덧 뾰족한 생채기 돋아나
살 찢는 고통의 순간이 올지라도
허공을 꽉 움켜쥔 채
꽃눈 하나 틔운다

우체통

늦가을 소식들 입안 가득 물고 있는
저 빨간 우체통에도 가을이 찾아왔을까
발신인 주소가 찍힌 낙엽들이 쌓여 있네

밤새 앓던 미열로 수척해진 나무들
병상 차트 기록하듯 깍깍거리는 까치 몇 마리
주위를 번갈아 돌며 마른기침 토하네

구멍 뚫린 이파리에 결핵 바람 스쳤는지
우표와 나란히 붙은 정겨운 크리스마스실
둘이서 친구가 되어 겨울을 찾아가네

후렴부

한낮이 감아뒀던 태엽이 풀리고 있다
액자 속 글귀들 허밍으로 읊조리고
무채색 긴 그림자가
이리저리 흔들린다

헤윰의 이분음표들 악보에 옮겨놓고
애먼 일로 숨 고르듯 사방을 둘러보는데
벽에는 메트로놈 시계가
내 안을 걷고 있다

어떤 위력

어둠을 밝히려고 출구를 찾는다

알 수 없는 미로처럼 까마득히 먼 길

구석진 자리에서도 씨앗 한 줌 품는다

폐허 같은 진창길 통증마저 꼬여도

주름진 시간 속 자신을 비워가며

민들레 한 송이 피우려고 쓰린 배 움켜쥔다

고속도로

오선지 도로 위로 음표들이 질주한다
라이브 공연장에 울려 퍼지는 돌림노래
비바람 아랑곳없이 속도를 내고 있다

현실에서 뛰쳐나와 까마득한 여울 속으로
바퀴 달고 굴러간다 육중한 첼로도
저 멀리 지휘봉처럼 번득이는 번갯불도

화려한 날갯짓 바이올린 선율도
꼬리 물고 쫓아가는 바순의 울림도
숨 한번 쉬어 가라고
안단테로 손을 흔든다

서표

행간 역에 도착하면 역무원이 서 있다
압화처럼 바싹 마른 페이지를 넘길 때
바람은 선로를 따라 깃발을 높이 든다

책갈피 플랫폼에서 사람들이 걸어나온다
표마다 눈을 맞추며 밑줄 긋는 역무원
흩어진 글자 사이로 그림자가 아른거린다

시간은 지나가고 다음 기차가 닿을 때까지
나뒹구는 낙엽 속에서 자간을 엮는다
서늘한 허공 밖에는 간이의자가 놓여 있다

강수진

시냇물 연주곡 칸타빌레로 흐르면
무대 위 몸풀기에 열중하는 발레리나
푸에테 속도에 맞춰
뱅그르르 돌고 있다

겨레의 문양으로 허리띠 두르고
치맛자락 휘감아 살긋대는 춤사위
바람에 흔들거려도
중심을 잃지 않는다

햇살 부신 단상 위 국기 높이 게양될 때
관절마다 버성긴 발뒤꿈치 세우고
학인 듯 고고히 서서
꽃가루 뿌리고 있다

설치미술 1

노을은 적색 벽돌 층층이 쌓아놓고
능선 위로 높다란 갤러리를 꾸미고 있다
푸드덕 꼬리 붓으로
덧칠을 하는 새들

조용히 다가오는 달빛 도슨트는
관목 숲 사이로 속삭이며 걸어간다
은막에 뜨는 별빛들
기억들이 돋아나는

설치미술 2

적십자 봉사자들이 이불 빨래를 하고 있다
음지에 묻혀 있던 가슴 시린 사연들
들추어 씻고 다듬어
베란다에 널고 있다

한 줌 남은 생명을 온몸으로 보듬고
한숨과 눈물로 보살펴 온 덮개들이
독거의 울타리 밖에서
햇살을 쬐고 있다

---

*대한적십자사 부산지사 소속 자원봉사자들이 부산 영도구 동삼동 한 아파트에서 거동이 불편한 노인과 장애인 가정의 묵은 이불을 세탁해 아파트 난간에 펼쳐 놓음.《연합뉴스》

첼로

내 마음의 능선을 조율하는 늦은 저녁
그리움 한 소절 봄비처럼 걸어두고
온몸의 고요를 켜는
동행이 시작됩니다

천 길 낭떠러지로 마냥 흐를까 봐
당신의 손목을 잡던 기도를 다시 청하며
현 위에 길을 얹어서
조심조심 걸어갑니다

수목장

노각나무 가지에선 새들이 울고 있다

진혼의 나팔 소리는 이십오 데시벨

경건히 자리를 펴는
부어오른
그의 발등

정크미술

쓰레기 더미에 자전거가 버려져 있다
우울의 덫인 듯 거미줄로 얽혀 있고
신작로 풍경을 그리던 바퀴도 멈춘 채

바람이 불어온다 들판이 들썩인다
노선의 방향이 허공으로 내달린다
안장과 핸들이 서로 머리를 맞대고 있다

---

*피카소, 〈소의 머리〉.

일출

노트북 화면에 신호가 울린다
이른 아침 푸른 바다 소식을 담은 편지
갈매긴 날개를 치며
하늘로 날아오른다

자판을 두드리는 파도의 마음은
허공에 부딪히다 연거푸 쏟아놓아도
어둠 속 품었던 문장은
땅을 짚고 용솟음친다

수평선 위로 page up 자막이 꿈틀거리고
가파른 숨결조차 두둥실 춤이 될 때
눈부신 절창 한 구절
뿌리째 뽑아 올린다

목련

저토록 허공에 점을 찍고 또 찍으면
하늘에 가닿을까
꿈* 항아리 이고서

장독대 곁을 지키는
그림자의 긴 기도문

---

*김환기의 〈여인들과 항아리〉

해설

번역된 파피루스와 상상하는 감각

신상조(문학평론가)

1.

프랑스 인상주의 화가 클레드 모네는 '수련Nymphéas'의 화가로 알려져 있다. 그는 30여 년간에 달하는 오랜 세월 동안 한 소재로 약 250점에 달하는 유화 연작을 남겼다. 우리가 보는 것을 그대로 담아내는 사진과 달리, 그림은 똑같은 풍경을 그리더라도 그리는 화가의 인상에 좌우된다. 훗날, 모네의 수련이 떠 있는 연못 풍경 앞에서 몽상에 잠겼던 바슐라르는 "세계는 보여지기를 바라고 있다. 바라보기 위한 눈이 존재하기 이전에는 물의 눈, 조용한 물의 커다란 눈이 꽃들이 피어나는 것을 보고 있었다."라고 말한다. 바슐라르는 표면에서 심연을 보는 예술가의 눈(혹은 정신)을 찬양한 것이다.

그러므로 예술의 근본은 보여지기를 바라는 세상을 새롭게 발견하는 일이다. 세계에 대한 지극한 관심과 공감과 이해 없이 어떤 글이 탄생할 수 있을까? 미국의 계관시인桂冠詩人이기도 한 메리 올리버는 그의 산문집『긴 호흡』의 서문에서 다음과 같이 자기의 글쓰기를 소개한다. "나는 내가 좋아하는 표현을 쓰자면 변덕스러우면서도 동시에 진지하게 일을 시작한다. 내게 일이라 함은 걷고, 사물들을 보고, 귀 기울여 듣고, 작은 공책에 말들을 적는 것이다. 나중에 긴 시간이 지난 뒤에 이 말들의 모임은 다른 책에 오를 가치가 있는 무언가가 되어 지금 이 시간 내가 달콤한 어둠 속에서 보고 들은 걸 여러분이 알게 될 수도 있을 것이다."

메리 올리버의 '달콤한 어둠'이라는 역설이 함의하듯, 우리의 삶은 달콤함을 느끼다 곧장 낙담하기도 한다. 사물과 세계의 심연은 바다보다 깊고 어두우며 크레바스crevasse와 같은 위험한 균열로 이루어져 있다. 켈리 올리버가『크레스테바 읽기』를 통해 '업젝션'을 이야기하면서 "옛날엔 부정不淨한 것을 종교적으로 수용함으로써 처리하던 것을 근대에 와서는 글쓰기로 대신한다는 것, 말하기(쓰기) 행위란 그러니까 일종의 저주받은 부분(악마적인 것)을 달래고 극복하는 예식의 일종이라는 것"이라고 해석함은 달콤함보다 삶의 어두운 차원을 주목하기 때문이다.

글을 쓰는 행위란 만물이 만들어내는 기적들, 아름다움 이면에 도사린 쓰라림을 느끼는 감각이자 고통이란 이빨에 기꺼이

목덜미를 내어놓는 자발적 무력함이다. 무엇이 시인들에게 이러한 쓰기를 계속해서 강제하는가? 결국 쓰기란 일차적으로 세계와 자기를 확인하려는 내면적 의지이자, 타자를 향한 말 건넴임을 이야기하기 위해 길게 에둘러왔다. 그것은 김하정 시인의 '시인의 말'이 주는 강한 인상을 언급할 수밖에 없어서이다.

>처음 들어선 백화점에서 물건을 산다.
>모든 것이 아름답고 신기하다.
>
>그래서 나는 머뭇거린다.
>세계여!

간명한 글이다. 그러나 간단하고 짤막한 진술에 비해 그 의미가 중첩되어 있어서 해석의 폭이 넓다. 시인은 세계를 백화점에 비유한다. 온라인 소비가 대세를 이룬 탓에 현재는 그 위세가 다소 꺾였다고는 하나, 백화점은 여전히 자본주의의 축소판이자 소비문화의 상징으로 기능한다. 실제 「백화점」이라는 시를 보자. 시인은 "층층마다 진열된 욕망의 소비재들/냉정한 핸드백들이 제아무리 다짐해도/결국엔 모래성처럼/지폐들은 빠져나간다"라며 소비에 욕망을 투사하는 소비자본주의의 일면을 비판한다. "모래성"은 물건을 구매하는 자의 지갑에서 지폐가 마치 모래처럼 줄줄 새어나가는 현상을 비유하는 동시에, 하나의 상품을 소비하는 즉시 새로운 신상이 구매 욕구를 부추김으로써 곧바로 허물어지고 마는 물질적 만족의 허무함을 의미한다. 나아가 "첫 출근 했다는 신입사원 AI 로봇/눈부신 조명만큼 상냥한 매너로/상품을 판독하면서/앞장서 걸어"가는 모습을 통해 진화하는 소비자본주의의 섬뜩한 실상을 공개한다. 이처럼 시인이 시의 원천을 백화점에 빗댄 것은 당대의 특수한 경험과 감각과 사유에 의한 새로운 서정으로서의 시적 현장성, 다시 말해 자본주의적 전략과 관련한 현실을 아무런 편견 없이 보고 귀 기울여 들으며, 기록하고 쓰겠다는 다짐으로 읽힌다.

> 수만 개 뉴스들이 활어처럼 퍼덕인다
> 새순이 돋아나듯 고개 드는 것도 있다
> 그것을 간추리고 있는 사람은 부산하다
>
> 전쟁과 기아와 명분과 타협과
> 어떤 헤드라인도 해결 못할 실타래들
>
> 아침은 머뭇거리며
> 현관 앞에 엎어져 있다
>
> ―「헤드라인」 전문

"전쟁과 기아와 명분과 타협"은 문학이 순수 서정을 노래하면서 자연으로 귀의할 명분을 앗아가는 냉혹한 현실이다. 그러므로 '희망'에 해당하는 "아침"이 시작과 출발을 상징하는 "현관 앞에" 도착해서도 문을 두드리지 못하고 기진한 모습으로 "엎어져 있다"는 시인의 현실 인식은 헛된 희망으로의 손쉬운 망명을 거부한다.

다음으로, "처음 들어선 백화점에서 물건을 산다."는 '시인의 말'에서의 "처음"도 의미심장하다. 이는 라이너 마리아 릴케가 시를 쓰려는 청년 카푸스에게 "당신이 보고, 체험하고, 사랑하고, 잃어버린 것들을 마치 최초의 인간처럼 말해 보십시오."라고 했던 조언을 떠올리게 만든다. 릴케의 조언에 기대자면 보고 듣고 상실한 현실을 마치 '최초의 인간'처럼 쓰겠다고 고백하는 시인에게 세계는 "모든 것이 아름답고 신기하다". 예컨대 "날씨가 추워 개울물이 꽁꽁 얼었다/소리음을 가둬버린 살얼음판 그 아래/부스스 봄을 알리는/내 안의 까치 한 마리"(「핸드폰」)라는 단형시조를 보자. '핸드폰'이라는 친숙한 사물은 시인의 정서적 매개물이자 봄의 소식을 알리는 보조적 사물이다. 시인은 봄을 맞이하는 기쁨을 지인들과 문자나 통화로 주고받으며 즐거워하는 소박한 일상을 '까치 소리'에 빗대고 있다. 까치 소리는 핸드폰에서 울리는 물리적 소리이자 봄기운을 느끼는 시인의 심리적 반응이다. 참으로 깜찍하면서도 생동감 넘치는 상상력이 아닐 수 없다.

하지만 이어지는 '시인의 말'에서 "모든 것이 아름답고 신기하다.//그래서 나는 머뭇거린다."라는 부분은 이중적인 해석을 요구한다. 인과성을 드러내는 '그래서'라는 접속부사의 성격을 긍정에 따른 결과로 해석한다면 '머뭇거림'은 세계의 아름다움과 신기함에 대한 심미적 경탄으로 말미암음이다. 반면 아름답고 신기한 세상을 자성하고 회의한다는 뜻에서의 '그래서'라면 머뭇거리는 태도도 태도려니와, 마지막의 "세계여!"는 세계에 대한 판단을 유보한 채 경계하고 의심하는 탄식에 가깝다. 일상의 풍요로움 앞에서 겸손하고 정직하게 설레는 시인으로서의 감수성과, 공감하고 공명하고자 하나 동시대의 현실과 삶의 문제에 부딪히며 갈등하는 그 역시 시인으로서의 고통스러운 자의식의 삼투가 양면적으로 드러나는 부분이다. 얼핏 담백해 보이는 '시인의 말'은 간결한 형식으로 순간의 응축을 노리고 고도의 직관을 포착하는 시조의 본질을 닮아 있다. 이 글은 바로 그러한 시경詩境에 대한 탐색이다.

2.

김하정 시조에 대한 적절한 표현을 그의 작품에서 가져와 본다면 '번역'이 그것이다.

녹음을 번역하러 수풀 속으로 들어간다

우거진 낱말들이 열거된 그 속에는

자연이 생산해 내는

수많은 문장이 있다

잎들의 대화를 귀 열고 들으면

갈피를 넘길 때마다 떠오르는 생각들

속마음 열어 보이듯

향기를 내뿜는다

부리로 숲의 자간을 쪼아대는 새소리

우듬지를 교열하는 바람 사이로 어느새

원본을 뒤적이고 있는

태양의 손도 보인다

—「유월의 번역」 전문

인용 시에서 보다시피, 시인은 녹음綠陰을 비롯한 자연이 생산해 내는 소리를 받아 적은 후 우리가 이해하기 쉬운 언어로 번역하는 자라고 자신을 일컫는다. 그리고 이러한 번역의 과정에서 시인과 시인을 감싼 세계 전체 사이에서 몰입과 소통이 일어난다. 「유월의 번역」이 몰입과 소통의 과정에서 자신의 몸이 직접 경험한 일을 받아적어 의역하는 '번역'이라면, 몸이 아니라 머리와 가슴으로 경험한 일을 적어 전달하는 또 하나의 번역은 상상에 의존한다. 그리고 대다수의 번역은 전자가 아니라 후자에 해당한다.

   1. 나목
   아득한 첨탑 위로 뾰족한 길이 보인다
   눈비가 순교를 강요하던 그해 겨울
   뜨거운 인내 껴안고
   옹이처럼 너는 서 있다

   2. 그루터기
   단색의 고요가 스미는 자리에
   빛줄기 끌어당겨 둥글게 앉히면
   발밑에 뻗은 그림자
   기억을 더듬고 있다

   3. 씨앗
   뿌리부터 들려오는 일렬횡대 군홧발 소리
   쿼바디스 외치듯 카타콤 영혼들
   서러움 다 쏟아놓고서
   햇볕에 몸을 말린다
                           —「메타세쿼이아」 전문

연시조의 특징은 하나의 주제로 지은이의 의도에 따라 그 수를 이어가되, 한 수 한 수가 단형시조처럼 독립된 의미구조로 이루어진다는 점이다. 이어서 독립된 그 전체가 통일된 구조를 가질 때 수작이라 일컫는다. 일반적으로 연시조는 1수 2수 등으로 형식적 구조를 취하는 편인데, 특이하게도「메타세쿼이아」는 한 수 한 수마다 소제목을 붙여놓았다. 각각의 수마다 독립된 제목을 붙이더라도 일관된 의미구조를 가질 수 있음에서 오는 자신감이자 독자들의 이해를 돕기 위한 시인의 세심한 배려다.

먼저 1수 '나목'은 잎들을 다 떨군 상태로 한겨울을 난 메타세쿼이아를 고통을 묵묵히 감내한 순교자로 인격화하고 있다. "눈비가 순교를 강요"했다는 데서 지난 추위가 매우 혹독했음을 짐작할 수 있다. 2수 '그루터기'는 생명의 기미를 엿보기 힘든 나무의 상태를 묘사하고 있다. 베어지고 남은 밑동이 "기억을 더듬고 있다" 역시 사물의 인격화다. 따라서 남은 밑동에는 고독과 고립 속에 살아가는 노년의 삶이 자연스레 포개진다. 3수는 봄소식을 "뿌리부터 들려오는 일렬횡대 군홧발 소리"로 묘사한다. 알다시피 봄이 시작되는 3월은 영어로 행군과 행진을 의미하는 march다. "쿼바디스"는 폭군 네로를 피해 도망가던 베드로에게 나타난 그리스도를 향해 그가 한 질문 "쿼바디스 도미네(Quo vadis Domine 주여, 어디로 가시나이까?)"에서 왔다. "카타콤 영혼들" 역시 박해를 피해 지하로 숨어들었던 기독교인들과 그들의 무덤을 지시한다는 점에서 3수는 그루터기가 남긴 씨앗의 의미를 기독교가 증언하는 예수의 부활과 그로 인한 피조물들의 영원한 생명에 빗대고 있음을 알 수 있다.

 이 시는 겨울에서 봄이 오기까지의 시간 이동과 나무의 각 부분에 시선을 이동시키는 시상 전개 방식을 동시에 사용한다는 면에서 주목할 만하다. 특히 고요와 침묵으로 일관하던 심상에서 함성과도 같은 청각적 심상('군홧발 소리', '외치듯')을 역동적으로 토해내는 3수는 시조의 마지막이 의미와 감동의 확대를 노린다는 면에서도 성공적이다.

 다음으로 「바느질」은 머리와 가슴으로 경험한 일을 적어 전달하는 번역에 상호텍스트성에 의한 상상력을 도입함으로써 한결 세련된 외양을 취하고 있다.

   평생, 바다 물결을 손질하며 살던 노인
   어망 풀어 까마득한 수평선을 홈질한다
   선홍빛 아가미 하나로
   숨결을 고른다

   주름 잡힌 이마에 맺히는 땀방울
   뱃고동 소리가 시간을 재단하면
   바람은 억센 손놀림으로

까치놀을 쓰다듬는다

홀치기로 완성한 청새치 한 마리
굽은 등의 외로움은 언제쯤 잠재울까
항구의 불빛을 엮어
박음질하고 있다

―「바느질」 전문

  이 작품에 등장하는 바다, 바다에 사는 선홍빛 아가미를 가진 물고기들과 그 물고기들을 잡으며 살아가는 노인, 바람과 수평선과 청새치와 항구와 항구의 불빛은 작가의 몸이 아니라 그가 헤밍웨이의 소설 『노인과 바다』로 경험한 문명이자 야생이다. "파도의 목쉰 울음은 애절하게 철썩이고/수평선 걸린 태양은 서서히 지고 있"(「오늘의 시험 문제」)는 서정적 바다와 달리 땀 냄새 물씬 풍기는 야생의 바다다. 그런데도 물고기를 낚는 노인의 거친 생을 비유하는 보조관념은 뜻밖에도 섬세한 여성에게나 어울릴 법한 바느질이다.
  1수의 '홈질'은 한 땀 한 땀의 간격을 좁고 고르게 하는 바느질이다. 바다의 물결을 가늠하고 어망을 풀었다 거두고 손질하며 살아가는 노인의 생활 리듬이 바다와 하나로 일체가 된 듯 고르고 조화롭다. 2수는 노인의 "이마에 맺히는 땀방울"과 바람의 "억센 손놀림" 등을 통해 실제로 고기를 낚을 때의 긴 장감 넘치는 노동 현장을 '재단'으로 묘사한다. 홈질이 정적인 세심함을 요구한다면 재단은 몸에 익은 노동의 신속함과 원숙함이 연상되는 장면이다. 3수의 "홀치기"는 중의적 어휘다. 홀치기는 '물고기 떼를 몽땅 싸서 홀쳐 잡는 그물'로 해석함이 무난하다. 하지만 천을 염색할 때 매듭을 묶어서 모양과 색을 다르게 하는 기법을 가진 단어이기도 하므로 바느질이라는 전체 비유에 걸맞은 확장적 해석도 얼마든지 가능하다. 시인은 3수 종장에서 "박음질"로 노인의 노동을 마무리한다. 한 벌의 옷을 지어나가는 과정을 따라 전개되던 시상이 박음질로 처리되면서 시는 구성면에서 흠잡을 데 없이 깔끔하게 완결된다.

「바느질」은 시의 제목과 본문 사이에 여백이 넓다. 보조 관념들인 바느질과 원관념인 고기잡이 사이에서 시의 의미는 다양해지거나 확장된다. 이처럼 암시적 은유가 마련하는 여백이 김하정의 시조에 다의성이라는 현대성을 부여한다. 시인에게 대상에 대한 '번역'은 지시적인 의미를 초월해 모호성을 창출하려는 즐거운 상상이다.

3.

문학은 "숨은 실제를 찾아가는 수수께끼와 같은 과정이거나, 언표된 것, 언명된 것을 넘어서는 언어의 바깥"이다. 그

런 맥락에서 김하정의 시조가 암시적 은유로 풍부하다는 것은 그의 문학이 현실과 상상을 한데 이어 현실을 벗어남으로써 실제적 현실을 드러내는 방식에 능함을 보여준다. "논두렁에 작업용 면장갑이 버려져 있다//해종일 내린 비로 온몸이 젖어 있어도//주인의 따스한 지문을 꽉 움켜쥐고 있다//혹여 지나가는 발길에 차일까 봐//한 귀퉁이 모로 누워 하늘을 보고 있다//쓸쓸히 잠을 청한다, 노숙의 밤이 길다"란 「면장갑」은 논두렁 작업을 할 때 사용하는 사물에 농민의 노동과 노숙자의 비애를 한꺼번에 겹쳐놓는다. 앰프슨 W. Empson이 모호성을 시적 가치로 내세운 것은 시에서 사용되는 언어의 다의성을 존중해서다. 시어는 본질적으로 가능한 한 많은 느낌과 의미를 환기하는 함축성을 지향한다. 시에서의 '면장갑'이 노동의 도구로서는 1:1의 지시적 언어라면 내장된 느낌과 의미에서는 다의적이다. 마찬가지로 언어의 다의성이 더욱 풍요롭게 확장되고 있는 「파피루스」를 읽어보자.

바람의 손 부르트도록 역사를 새겨왔다

쉽게 사위어 갈 시간들 끌어모아

수없는 자맥질 속으로 문자 향을 담았다

우거진 늪 속에 구름 피륙 펼치면

첨필을 입에 물고 날아오는 참새들

발자국 다 옮겨놓고 물 한 모금 들이켠다
—「파피루스」 전문

파피루스papyrus는 종이인 paper의 어원이라는 데서 알 수 있듯, 갈대과의 식물 줄기를 압착하고 이를 얇게 발라내어 종이의 역할을 하도록 만든 고대의 기록 매체다. 사위어 가는 시간 속에서 파피루스에 손이 부르트도록 역사를 기록한 주체는 바람이다. 늪에 비친 구름은 피륙이 되고, 참새들은 첨필을 물고 온 후 물 한 모금으로 갈증을 달랜다. 첨필尖筆은 점토나 왁스판 위에 글자를 쓸 수 있도록 고안된 딱딱한 침 모양의 필기구다. 첨필로 대자연에 아름다운 문양을 새길 주체는 "잡지도 가두지도 못할/시간"(「구름의 오후」)이 아닐까? 그러므로 우리는 이 파피루스가 천지의 창조주와 함께 태초부터 존재하는 자연, 즉 인간 문명의 바깥에 존재하면서 시인이 그리고 바라는 자연의 근원적 표상임을 알 수 있다. 여기에 작동하는 시인의 의식 활동에는 은유적 상상으로 풍성하다.

"빗줄기 방아쇠 천지에 쏘아대면/하늘엔 먹구름도 뒤엉켜 달아나고/삼팔선 가로지르며/떠도는 피난민들"(「천둥 번개」)

이라거나, "찬바람이 굴뚝 연기에 손을 쬐고"(「귀가」) "맥박이 뛰는 곳마다/폭죽처럼 꽃은 피"(「꽃양귀비」)고 있다는 데서 드러나듯, 김하정 시조의 대부분은 자연의 아름다움을 미학적으로 예찬하기보다 자연의 빛을 마음껏 향유하는 재기발랄한 상상력이 돋보인다. 여름밤 바닷가 풍경을 스크린에 비친 서사 가득한 영상처럼 형상화한 「노천극장」을 읽어보자. 화자는 영사기映寫機가 되어 독자들 눈앞에 한 폭의 풍경을 마치 영화 필름처럼 상영해 펼쳐 보인다.

  푸드덕 날갯짓하며 관객들이 입장하네요
  하루의 시간을 풀어놓은 수평선
  조명이 가라앉으며
  영화가 시작됩니다

  여름밤 이야기를 품고 있는 바다
  복선이 왔다 간 뒤 반전이 찾아옵니다
  눈꺼풀 파르르 떨며
  모두가 숨죽이네요

  어둠 속 길을 헤치며 홀로 나선 액션 배우
  발자국 지워가며 그의 생이 흐릅니다
  여운의 뱃고동 소리

자막으로 깔아놓고

　　　　　　　　　—「노천극장」전문

　1수에서의 풍경은 해가 저물 무렵의 한적한 바닷가다. 낮 동안 먹이를 찾아 분주하게 날아다니던 새들이 보금자리로 돌아오는 모습은 관객들이 영화관으로 입장해서 자리에 앉는 모습에 빗대진다. 부리에 하얀 팝콘을 물고 날아드는 새들이 연상되는 장면이다. 이제 객석에 불이 꺼지고 사위가 어두워진다. "조명이 가라앉으며/영화가 시작"된다. 2수의 "복선"과 "반전"은 출렁이는 파도와 밀물과 썰물이 원관념일 터이다. 3수에서 "어둠 속 길을 헤치며 홀로 나선 액션 배우"는 관객들을 등진 채 쓸쓸히 바닷가를 걷고 있다. 등장한 배우가 로맨스 영화가 아니라 액션 영화의 주인공이라는 점이 흥미롭다. "여운의 뱃고동 소리"가 자막으로 깔리고 있는 가운데 펼쳐지는 "그의 생"은 〈비열한 거리〉나 〈신세계〉와 같은 누아르 영화에나 어울릴 법한 어둡고 폭력적인 삶인 모양이다. 이 작품은 시인의 머릿속에서 진행되는 상상의 과정을 일종의 스크린이라 할 '바닷가'에 투사하여 시각화함으로써 상상의 친절한 예시를 독자들에게 보여준 셈이다.

　김하정 시조에서의 은유적 상상력은 과학적이고 합리적인 세계의 주체들, 진지한 고민과 성찰 없이 현실적 목표만을 향해 질주하는 사람들이 문학적 미의식과 관련한 의미 산출에

참여할 수 있도록 독려한다. 시인은 "몬테카를로 카지노"가 엑스터시와 같은 "자본주의의 꽃"(「엑스터시」)이고, 이른 새벽 폐지를 줍는 노인이 "등이 휘도록 끌고 가는 리어카"의 바퀴가 "닿아야 멈출 수 있는/생"으로 "휘청거"(「눈동자 일러스트」)리며 간신히 굴러감을 모르지 않는다.

그러나 "영원히 굴하지 않을/우리들의 감탄사"(「해」)로 오늘의 태양은 다시 떠오르고, 굴하지 않을 감탄사에 해당하는 시를 시인은 그치지 않고 노래 부른다. 앞서 쓰기란 세계와 자기를 확인하려는 내면적 의지이자, 타자를 향한 말 건넴이라 했던 말은 후자를 좀 더 강조할 필요가 있겠다. 시 쓰기는 일차적으로 타자를 위로하는 영원한 말 건넴이다. 단조롭고 고정된 우리의 삶, 그 마르고 갈라진 땅바닥에 새로운 싹을 틔우기 위해 날아오는 한 편의 시라는 꽃씨가 현실 세계에서 여전히 유효하기 때문이다.

가히 시인선 008

파피루스가 일러스트에게
ⓒ 김하정

초판 1쇄 인쇄	2025년 2월 24일
초판 1쇄 발행	2025년 3월 5일
지은이	김하정
펴낸이	김석봉
디자인	헤이존
펴낸곳	문학의전당
출판등록	제448-251002012000043호
주소	충북 단양군 적성면 도곡파랑로 178
전화	043-421-1977
전자우편	sbpoem@naver.com

ISBN 979-11-5896-681-2 03810

*이 책의 판권은 지은이와 문학의전당에 있습니다.
*양측의 서면 동의 없는 무단 전재 및 복제를 금합니다.
*잘못 만들어진 책은 바꿔드립니다.